Elternmitarbeit in der Kita

HANDBUCH

Herausgeber: © 2020 ElternLeben.de

Verlag & Druck: tredition GmbH, Halenreie 40-44,
22359 Hamburg

ISBN
Paperback: 978-3-347-04536-1

ÜBER ELTERNLEBEN.DE

ElternLeben.de ist ein digitales Angebot für alle Mütter und Väter. Die Online-Plattform begleitet Eltern in den verschiedenen Phasen von der Schwangerschaft bis zum Teenageralter ihrer Kinder. Sie bietet einen großen **Wissensbereich** („Elternwissen"), der Artikel, Tipps, Interviews, Videos und vieles mehr verfügbar macht. Diese Inhalte werden von Experten aus unterschiedlichen Fachrichtungen verfasst. Hier fließt Expertise und Erfahrungswissen zusammen. In der **Online-Beratung** werden Eltern zu allen Eltern-Themen von Fachleuten schnell und professionell beraten. Der Bereich **Angebote vor Ort** verbindet Eltern mit lokalen Angeboten (Kurse, Beratung etc.) ganz in ihrer Nähe. Eine **Community** und der Aufbau des Bereichs **Häufig gestellte Elternfragen** runden das Gesamtangebot der Plattform ab. **www.elternleben.de** ist ein digitales Angebot der gemeinnützigen wellcome gGmbH mit Hauptsitz in Hamburg. Der Erlös der Handbücher kommt ausnahmslos der gemeinnützigen Arbeit zugute.

ÜBER DIE AUTORIN

Petra Engelsmann ist Expertin zu den Themen **Krippen- und Kita-Zeit**. Sie beantwortet Fragen in der Online-Beratung von ElternLeben.de und schreibt Artikel für den **Wissensbereich** („Elternwissen"). Als langjährige Einrichtungsleitung von Kitas kennt sie den Tagesablauf von Krippe und Kita genauso wie die Bedürfnisse von Kindern in der Fremdbetreuung und die Wünsche und Ängste von Eltern. Als Mutter zweier Söhne ist ihr der Spagat zwischen Beruf und Familie vertraut. Sie möchte Eltern darin stärken, ihren individuellen familiären Weg zu gehen. Sie ist u.a. als Referentin für pädagogische Themen und Erziehungsfragen im Haus der Familie in Stuttgart, als Dozentin in der Ausbildung zur pädagogischen Fachkraft und als Beraterin in Stuttgart tätig.

Inhaltsverzeichnis

Einleitung –willkommen in der Kita! 8

1. Kapitel – Erziehungspartnerschaft zwischen Eltern und Fachkräften 9

2. Kapitel – Elternbeirat 19

3. Kapitel – Konflikte zwischen Fachkräften und Eltern . 21

4. Kapitel – Konflikte, weil mein Kind auffällt 28

5. Kapitel – Kindeswohlgefährdung und Missbrauch 33

6. Kapitel – Feste und Feiern – Aktiv in der Kita 36

7. Kapitel – Das Besondere: Elternmitarbeit in der Eltern-Kind-Initiative 40

EINLEITUNG –WILLKOMMEN IN DER KITA!

Auch euch Eltern ein herzliches Willkommen in der Kita! Denn ihr als Experteninnen und Experten für euer Kind seid die wichtigsten Ansprechpartner für die Kita.

Kita-Eltern sein bedeutet, ein wichtiger Teil einer besonderen Gemeinschaft zu sein. Ihr seid plötzlich ein Elternpaar oder ein Elternteil unter vielen anderen. Ihr lernt einander kennen, so wie eure Kinder sich auch kennen lernen. Ihr schnuppert Kita-Luft! Kinder, Eltern und Fachkräfte treffen hier neu und bunt aufeinander. Ihr bringt eure Vorstellungen mit, ebenso wie euer Kind, das sich zunächst nur wenig unter einer Kita vorstellen kann, schon bald aber seine ganz eigenen kreativen Ideen haben wird. Alle – andere Eltern, Kinder und Fachkräfte – haben eine andere Erwartung an euch, an die Zusammenarbeit und an das Zusammensein in einer Kita.

Das hier vorliegende Handbuch soll euch als kleines Nachschlagewerk dienen und euch während der Kita-Zeit eures Kindes unterstützen. Einblicke und Ideen rund um alles was Eltern für, in und mit der Kita gemeinsam machen können, sind hier aufgeführt. Außerdem findet ihr Praxisbeispiele, die ich selbst als Leiterin einer Kita erlebt habe. Diese sollen zum Nachdenken anregen und für ein besseres Verständnis sorgen.

Euer ElternLeben.de-Team

1. KAPITEL – ERZIEHUNGSPARTNER-SCHAFT ZWISCHEN ELTERN UND FACH-KRÄFTEN

Ohne Eltern geht heute in der Kita nur noch wenig. Und das ist gut so! Wurden Eltern früher oftmals als lästiges Beiwerk betrachtet, so sind sie heute als engste Bezugspersonen des Kindes anerkannt. Gerade bei Krippenkindern ist es wichtig, den Kontakt zu den Eltern sehr intensiv zu pflegen.

Krippenkinder können häufig noch nicht berichten, was sie in der Krippe alles erlebt haben. Deshalb sind die pädagogischen Fachkräfte für die Eltern von großer Bedeutung, damit sie erfahren, was das Kind tagsüber gemacht hat. Und auch im Umkehrschluss ist es wichtig, dass Eltern beim morgendlichen Bringen den Fachkräften sagen, was für das Kind am Morgen schon alles wichtig war.

Aus diesen Gründen wurde es in den Kitas wichtig, mit den Eltern eine Erziehungspartnerschaft aufzubauen und zu pflegen. In den meisten Bildungs- und Orientierungsplänen der Bundesländer gibt es hierzu einen eigenen Abschnitt, indem die Bedeutung der engen Zusammenarbeit zwischen Elternhaus und Kindertageseinrichtung hervorgehoben wird.

Doch wo fängt eine solche Erziehungspartnerschaft an und wo hört sie auf? Was bedeutet es, eine gute Erziehungspartnerschaft zu führen? Was dürft ihr als Eltern konkret erwarten? Und was erwarten die Fachkräfte in der Regel von den Eltern? Um diese Fragen geht es in diesem Kapitel.

WELCHE ERWARTUNGEN DÜRFEN WIR ALS ELTERN AN DIE KITA HABEN?

Mit der Anmeldung eures Kindes in der Kita und dem später sich anschließenden ersten Tag zeigt ihr Eltern, dass ihr die Absicht habt, euer Wertvollstes anderen, euch noch fremden Menschen anzuvertrauen. Hierbei geht ihr oftmals mit einem großen Vertrauensvorschuss in die Situation. Der Glaube daran, dass es eurem Kind in der Krippe oder Kita gut gehen wird, trägt und hält euch. Das bedeutet aber auch, dass ihr Erwartungen an die Kindertageseinrichtung und ganz speziell eben auch an die pädagogischen Fachkräfte habt. Hierzu gehört sicherlich die Erwartungshaltung, dass euch vom Tag eures Kindes erzählt wird, sofern es noch nicht selbst erzählen kann. Ihr erwartet dabei eine aufrichtige und ehrliche Ansprache.

Ihr möchtet es wissen, wenn euer Kind etwas Schönes erlebt hat. Genauso, wie ihr das erfahren möchtet, was für euer Kind weniger schön war. Hier dürft ihr Aufrichtigkeit erwarten!

Lieber wisst ihr, dass es eurem Kind schwer gefallen ist, durch den Tag zu kommen, als vorgegaukelt zu bekommen, dass alles in Ordnung sei. Ihr habt ein Recht auf eine offene, ehrliche und vertrauensvolle Kommunikation. In der Praxis bedeutet dies, dass ihr beim Abholen eine kurze Rückmeldung von Seiten der pädagogischen Fachkräfte erwarten und auch einfordern dürft. Eine kurze Rückmeldung in Form von „Ja es war alles prima!" oder „Heute hat Ihr Kind nur wenig gegessen, ansonsten war alles gut!" sind Informationen, die ihr als Mutter und Vater auf alle Fälle erwarten solltet.

Genauso habt ihr ein Recht darauf, dass die Bedürfnisse eures Kindes berücksichtigt werden. Hier gilt es aber zu unterscheiden, welche Bedürfnisse ihr selbst habt und welche euer Kind hat. Das muss nicht immer übereinstimmen. Hier findet ihr zwei sehr häufige Beispiele von „verschobenen" Bedürfnissen, die zu Konflikten in der Kita führen können:

Beispiel 1: Der Mittagsschlaf

Ein Klassiker für verschobene Bedürfnisse ist der Mittagsschlaf. Immer wieder begegnete ich in meiner Kita Eltern, die mich darum baten, ihr Kind doch unbedingt nach dem Mittagessen schlafen zu legen. Das Kind sei sonst abends um 17 Uhr so unausgeglichen und unruhig, dass sie gemeinsam mit ihrem Kind nichts machen mehr könnten. Leider war das Kind aber um 12:30 oder 13:00 Uhr überhaupt nicht müde! Ein Dilemma für mich als Fachkraft! Versucht mal ein waches Kind schlafen zu legen – es wird euch nicht gelingen.

Die eigentliche Botschaft und das versteckte Bedürfnis der Eltern war es, mit ihrem Kind am späten Nachmittag noch etwas zu unternehmen. Sicherlich verständlich. Dennoch war es nicht möglich, das Kind mittags zum Schlafen zu überreden. Somit traf hier das „Elternbedürfnis" – mein Kind soll schlafen, damit ich später mit ihm spielen kann – auf ein ganz anderes „Kinderbedürfnis" – ich will jetzt in der Kita spielen!

Beispiel 2: Trocken werden

In der Regel zeigen Kinder an, wenn sie die Windel nicht mehr möchten. Ich erlebte es aber auch hin und wieder, dass die Eltern beschlossen haben, keine Windeln mehr zu kaufen, weil es ihnen zu teuer war. Sie baten dann uns in der Kita, dem Kind den Toilettengang beizubringen. Auch hier ist das „Elternbedürfnis" – keine teuren Windeln mehr – nicht mit dem Entwicklungsstand des Kindes und auch nicht mit dem „Kinderbedürfnis" – die Windel gibt mir Sicherheit – vereinbar.

Mit diesen beiden Beispielen möchte ich euch anregen, die vermeintlichen Bedürfnisse eures Kindes immer wieder zu überprüfen. Vermutlich findet ihr als Eltern umgekehrt Beispiele für Situationen in der Kita, in denen ihr zweifelt, ob die Bedürfnisse eures Kindes berücksichtigt werden.

Es kann aufgrund dieser unterschiedlichen Wahrnehmungen leicht zu Missverständnissen oder Konflikten kommen. Im Zuge einer guten Erziehungspartnerschaft ist es dann wichtig, offen und ehrlich miteinander zu sprechen und Lösungen zu finden, die in erster Linie den Bedürfnissen des Kindes gerecht werden.

WELCHE ERWARTUNGEN HABEN PÄDAGOGISCHE FACHKRÄFTE AN ELTERN?

Pädagogische Fachkräfte sind genauso individuell und einzigartig, wie euer Kind und ihr als Familie auch einzigartig und individuell seid. Somit lässt sich nicht pauschal festhalten, was pädagogische Fachkräfte im Detail erwarten. Doch ein paar Dinge werden jedoch vermutlich alle Fachkräfte gleichermaßen zu schätzen wissen und auch von den Eltern erwarten.

Hierzu gehören: das Einhalten von Bring- und Abholzeiten, das Lesen von Aushängen und das fristgerechte Zurückmelden bei Einladungen. Ebenso ist es den Fachkräften wichtig, dass ihr an

Elternveranstaltungen wie Info-Abenden und Feiern und Festen in der Kita teilnehmt. Im täglichen Miteinander sind die zeitlichen Ressourcen der pädagogischen Fachkräfte sehr unterschiedlich. Daher wird es Einrichtungen geben, in denen der gegenseitige Austausch am Morgen und am Nachmittag intensiver betrieben werden kann als in anderen Einrichtungen.

Hierbei erwarten die Fachkräfte, dass ihr als Eltern versteht, wenn sie mal kurz angebunden sind und nur kleine Zeitfenster haben. Oftmals sind die Pädagogen dann alleine in Bring- oder Abholsituationen, wodurch sie gleichermaßen mit den Eltern sprechen müssen und wollen, aber auch noch die Aufsichtspflicht über die noch bzw. schon anwesenden anderen Kinder haben. Solltet ihr dauerhaft den Eindruck haben, dass keinerlei Zeit für Kommunikation ist, ist das ein Anlass für ein Gespräch mit der Leitung.

GUTE ERZIEHUNGSPARTNERSCHAFT DURCH KOMMUNIKATION

Der Schlüssel zu einer guten Erziehungspartnerschaft zwischen Eltern und Fachkräften besteht in gegenseitigem Verständnis und einer regelmäßigen Kommunikation. Beide Parteien sollten sich bestmöglich austauschen, so dass ein gegenseitiges Vertrauen und Verständnis füreinander entstehen kann.

Aus meiner Praxis ist mir bekannt, dass es oftmals Situationen gibt, in denen sich Eltern oder auch Fachkräfte missverstanden fühlen. Bei genauerer Betrachtung der Situationen wurde immer wieder deutlich, wie wenig die Erziehungspartner voneinander wussten. Hier geht es nicht um persönliche Informationen, sondern viel mehr um die Situationen, in der sich die Bereiche des Elternhauses mit denen der Kita überschneiden.

Klassische Beispiele finden sich hier in der Bringsituation. Hatte das Kind bereits zu Hause Anlaufschwierigkeiten, war die Nacht zu kurz und sind Eltern in Eile, weil ein wichtiger Termin im Nacken sitzt, dann wird das Bringen und Abgeben in der Kita schnell zu einer extrem stressigen, angespannten Situation, in der leicht Missverständnisse passieren. Fachkräfte verstehen dann die sonst so geduldigen Eltern nicht, wenn diese ihnen ohne Vorwarnung einfach das schreiende Kind in die Hand drücken, kurz etwas von „Termin" nuscheln und weg sind. Das Kind weint, die Fachkraft ist überrumpelt. Hier wäre es förderlich, wenn die Eltern noch vor dem Anziehen der Hausschuhe kurz um eine Fachkraft bitten und dieser erklären, dass nach einer zu kurzen Nacht und einem schlechten Start in den Tag nun auch noch Termine zur Eile drängen.

Damit hätte die Fachkraft nun die Möglichkeit, dem Kind wenigstens eine bestmögliche Verabschiedung zu bieten, bevor sie sich dann darum kümmert, dass das Kind seine Jacke aus- und die Hausschuhe anzieht.

Ein weiteres Beispiel, in denen sich Eltern und Fachkräfte gerne missverstehen, kommt aus der Abholsituation, z.B., wenn Eltern die Kita gerade dann betreten, wenn das eigene Kind weinend bei der Fachkraft steht. Hier interpretieren Eltern gerne hinein, dass ihrem Kind etwas Schlimmes angetan wurde.

Tatsächlich kann das Weinen aber ganz andere Ursachen haben und es lohnt sich, zunächst nachzufragen, bevor man sich tröstend und besorgt auf das Kind „stürzt".

Deshalb ist es wichtig, aufkeimende Konflikte zu erkennen und sie nicht zu ignorieren. Ihr habt verschiedene Möglichkeiten, in Elterngesprächen über eure Beobachtungen und eure Sorgen zu sprechen. Besonders am Anfang wird es euch wichtig sein, regelmäßig mit eurer Bezugsperson aus der Kita zu sprechen, um möglichst viel vom Tag eures Kindes zu erfahren.

Ein kurzes Gespräch zwischendurch und auch regelmäßig stattfindende Entwicklungsgespräche gehören zur typischen Kommunikation zwischen den Fachkräften und den Eltern.

TÜR- UND ANGEL-GESPRÄCHE

Neben den formal vereinbarten Gesprächen gibt es wie bereits angesprochen die regelmäßigen Tür- und Angel-Gespräche, meist beim Bringen oder Abholen. Nutzt diese Gelegenheiten zur Kommunikation! Auch wenn es hektisch ist, werdet ihr meist mehr als ein kurzes „Hallo!" sagen können. Gerade im Krippenbereich ist es wichtig, beim Bringen Abweichungen vom üblichen Start in den Tag kurz zu erwähnen.

Manchmal wird dann von der schlechten Nacht erzählt, manchmal auch vom eigenen Willen des Kindes am Morgen beim Anziehen. Zwei kurze Sätze reichen meist aus, um der Fachkraft zu schildern, wie es dem Kind geht. Beim Abholen ist es andersherum. Hier berichtet euch die Fachkraft kurz, was heute Besonderes war. Hierbei kann auch ein „Es war alles gut!" vollkommend ausreichend sein.

Diese Sequenzen werden als Tür- und Angel-Gespräch bezeichnet und helfen beiden Seiten, das Kind besser zu begleiten. Wenn ihr mehr Zeit braucht, weil ihr ein größeres Anliegen habt, nutzt die Gelegenheit der Entwicklungsgespräche, oder bittet um einen zeitnahen Gesprächstermin.

ENTWICKLUNGSGESPRÄCHE

In den meisten Einrichtungen wird euch Eltern beim Anmelden bereits davon berichtet, dass es im Jahr ein bis zwei Elterngespräche geben wird. Hiermit sind normalerweise Entwicklungsgespräche gemeint. Die Bezugsperson eures Kindes nimmt sich dabei Zeit für ein ausführliches Gespräch. Im Krippenbereich werden auch gerne Bilder gezeigt, um euch zu verdeutlichen, was euer Kind den ganzen Tag in der Einrichtung macht.

Ein klassisches Gespräch beginnt meist damit, dass ihr berichtet, wie ihr euer Kind es erlebt, wenn ihr nachmittags wieder nach Hause kommt. Ihr dürft auch gern davon erzählen, wie ihr euer Kind in seinem Spiel zu Hause wahrnehmt. Anschließend erzählt euch die Fachkraft davon, was euer Kind in der Einrichtung erlebt. Dabei richtet sie sich nach den Entwicklungsfeldern Sprache, Kognition, Motorik und Sozialverhalten.

Ebenfalls wird euch vom Ess- und Schlafverhalten berichtet. Im Krippenbereich wird der Schwerpunkt auch gerne auf die Schlafens- und Essensgewohnheiten gesetzt, während für 3 bis 6 jährige Kinder eher das Sozialverhalten und die kognitive Entwicklung von Bedeutung sind. Für euch Eltern ist ein Entwicklungsgespräch immer spannend, da ihr geschildert bekommt, wie euer Kind von anderen wahrgenommen wird.

Ihr werdet neue Seiten an eurem Kind feststellen und ihr werdet Bekanntes hören. In diesem Gespräch habt ihr auch die Chance Fragen zu stellen und euch Unterstützung zu holen, sei es zu Abläufen in der Kita oder zu Abläufen zu Hause. Nutzt diese Gesprächsmöglichkeiten und bereitet euch darauf vor, indem ihr euch vorher die Fragen notiert, die euch immer wieder beschäftigen, für die aber im Tür- und Angel-Gespräch nie genügend Zeit ist.

Schön ist es auch, wenn ihr als Mama und Papa – also als Elternpaar – an diesen Gesprächen teilnehmen könnt. Scheut euch deshalb nicht, um Termine zu bitten, an denen ihr auch beide ohne Stress teilnehmen könnt.

2. KAPITEL – ELTERNBEIRAT

Der Elternbeirat ist der Vermittler zwischen den Kita-Eltern und der Kita-Leitung. Bei Fragen und wichtigen Informationen ist er der erste Ansprechpartner und gibt Informationen an die restlichen Eltern weiter. Der Elternbeirat setzt sich aus mindestens 2 Personen pro Gruppe zusammen.

Meist werden die Elternvertreter im Herbst am ersten Elternabend des Kitajahres gewählt. Hierzu sind alle Eltern der jeweiligen Gruppe stimmberechtigt und es darf auch jeder Elternvertreter bzw. Elternbeirat werden, der sich dazu bereit erklärt.

Es gibt die Möglichkeit der geheimen Wahl per Zettel oder der offenen Wahl per Handzeichen. Wie gewählt wird, entscheiden die anwesenden Eltern. Das Amt des Elternbeirats hat die gewählte Person für ein Kita-Jahr. Im folgenden Jahr wird wieder neu gewählt.

Über das Kita-Jahr verteilt treffen sich die Elternbeiräte bis zu viermal im Jahr mit der Einrichtungsleitung. Bei diesen Treffen erfahren die Elternbeiräte meist als erstes, wenn es Neuerungen gibt. Gleichzeitig haben die Elternvertreter die Möglichkeit Anliegen und Wünsche der Eltern mitzuteilen.

Der Elternbeirat ist vor allem dann ein geeigneter Ansprechpartner, wenn dein Anliegen nicht nur ganz individuell euch und euer Kind betrifft, sondern wenn auch andere Kinder oder Eltern betroffen sind.

So kann es ein Anliegen mehrerer Familien sein, dass die Kinder öfters an die frische Luft gehen sollen, oder dass die Mittagsmahlzeiten nicht so gut bei den Kindern ankommen und ähnliches. Weitere Beispiele, in denen der Elternbeirat aktiv werden darf, findest du im nächsten Kapitel.

3. KAPITEL – KONFLIKTE ZWISCHEN FACHKRÄFTEN UND ELTERN

Immer dort, wo viele Menschen ein- und ausgehen, Absprachen getroffen werden und Zeitdruck vorhanden ist, kann es passieren, dass der eine oder die andere Dinge vergisst oder etwas verwechselt.

Gerade in diesen Momenten, die sehr hektisch sind, fühlen wir uns schnell unverstanden und vielleicht auch verletzt, da wir nicht so wahrgenommen werden, wie wir es gerne möchten.

Das gilt für beide Seiten – für Eltern und für pädagogische Fachkräfte. Aus Kleinigkeiten können rasch große Probleme und Konflikte entstehen. Wie lässt sich das vermeiden?

Zunächst einmal sollten beiden Seiten hinterfragen, was eigentlich genau passiert ist. Fühlt ihr euch als Eltern nicht wohl, dann fragt euch zunächst selbst, was euch stört und warum. Habt ihr das für euch geklärt, sucht das Gespräch!

Wen aber ansprechen in einer Kita mit vielen Mitarbeiterinnen und Mitarbeitern? Wann sollte man die Leitung einschalten? Und wann kommt der Elternbeirat mit ins Boot? Und was mache ich, wenn ich mich nicht traue?

Sofern es für euch möglich ist, solltet ihr immer die Person um ein Gespräch bitten, die unmittelbar beteiligt ist. Ärgert ihr euch über etwas Banales, so sprecht es am besten gleich an – oder spätestens am folgenden Tag beim Bringen oder Abholen. „Kleinigkeiten" sind ein Fall für das Tür- und Angel-Gespräch. Habt ihr danach das Gefühl falsch oder gar nicht verstanden worden zu sein, dann sollte es ein längeres Gespräch in einem ruhigeren und verabredeten Rahmen geben. Hier zwei Beispiele für „Kleinigkeiten" und wie ihr damit umgehen könntet:

Euer Kind hat im Garten seine Mütze nicht auf dem Kopf

Euer Gedanke: „Oh nein! Nicht schon wieder kalte Ohren! Wofür gebe ich die Mütze denn mit?"

Euer Kind hat beim Abholen eine sehr volle Windel.

Euer Gedanke: „Können die nicht wickeln? So ein Mist, jetzt ist mein Schatz bestimmt schon wund!"

Beide Beispiele zeigen, dass Eltern genau in diesem Moment sehr ärgerlich sind. Es ist ihr gutes Recht, eine Mütze oder eine saubere Windel einzufordern. Geht daher auf die Fachkräfte zu, denn in diesen Situationen ist ein freundliches, aber bestimmtes und kurzes Gespräch für die Zusammenarbeit besser, als sich zu ärgern und den Ärger anzustauen. Wiederholen sich diese Vorfälle trotz des Tür- und Angel-Gesprächs, so bleibt dran und wiederholt auch eure Bitte. Wenn aus eurer Sicht auf diese Weise eine einfache Klärung mit der betreffenden Fachkraft nicht möglich ist, so bittet um ein Gespräch mit der Einrichtungsleitung. Um euch selbst zu schützen und zu stärken, ist es gut, wenn ihr Eltern zu zweit in das Gespräch geht.

Weitere Beispiele für diese Art des Vorgehens im Konfliktfall:

Beispiel 1: Lebensmittelallergie

Euer Kind darf bestimmte Lebensmittel nicht essen, weil es dagegen allergisch ist. Bei Geburtstagen von anderen Kindern bringt ihr daher immer etwas Eigenes mit, so dass euer Kind auch etwas Besonderes zum Essen hat, wenn der Geburtstag gefeiert wird. Nun erzählt euch euer Kind zum wiederholten Mal, dass ein Geburtstag gefeiert wurde, es aber nichts dabei hatte, und somit zuschauen musste, wie die anderen Kinder leckeren Kuchen aßen. Als das bereits vor einigen Wochen schon einmal vorgefallen war, hattet ihr mit der Bezugsperson eures Kindes gesprochen und darum gebeten, rechtzeitig über Geburtstagsfeiern informiert zu werden. Ihr seid nun wütend und enttäuscht, da ihr ja bereits einmal mit der Fachkraft alleine gesprochen habt.

Jetzt ist ein guter Zeitpunkt, die Einrichtungsleitung mit ins Boot zu holen. Fordert eine Änderung der Situation ein. Macht konstruktive Vorschläge, wie mit der Situation umgegangen werden soll. Ihr könntet beispielsweise um eine Liste mit allen Terminen, an denen gefeiert wird bitten. So könnt ihr euch selbst einen Plan machen. Oder ihr bittet darum, einen kleinen Vorrat an besonderen Keksen o.Ä. für euer Kind in der Kita lassen zu dürfen.

Beispiel 2: Neue Belastung durch Geschwisterkind

Hurra! Ihr habt ein zweites Kind bekommen und auf einmal seid ihr nicht mehr so pünktlich in der Kita, wie ihr es sonst immer wart. Die pädagogischen Fachkräfte sind zunächst sehr entgegenkommend und ihr dürft auch unangemeldet später kommen und euer Kind nach der eigentlichen Bringzeit morgens abgeben. Nach fünf Monaten gibt es immer noch den einen oder anderen Tag, an dem ihr nicht pünktlich seid. Ihr bemerkt jedoch ein anderes Verhalten bei den Fachkräften. Die einstige

Offenheit und das Verständnis sind nun nicht mehr da, stattdessen stellt ihr leicht ärgerliche Reaktionen fest und spürt das Unverständnis, das euch entgegengebracht wird.

Hier gilt es, schnellstmöglich ein Gespräch mit der Leitung und der Bezugsperson eures Kindes zu verabreden, damit ihr die Sachlage klären könnt, bevor sich ungute Gefühle aufstauen und am Ende noch euer Kind darunter leidet!

Vielleicht stellt ihr euch jetzt die Frage, woran man messen kann, dass zunächst harmlose Themen ein hohes Konfliktpotenzial aufweisen, und wie man das rechtzeitig erkennen und abfangen könnte. Hier gilt eine Faustregel: Themen, die euer Kind direkt betreffen, sind besonders emotional aufgeladen und führen oft zu Konflikten. So ist beim ersten Beispiel das Kind ausgeschlossen, wenn alle feiern und leckeren Kuchen essen, weil es allergisch auf bestimmte Lebensmittel reagiert. Und wenn, wie im zweiten Beispiel, Nachwuchs da ist und in der Kita schlechte Stimmung aufkommt, kann es das ältere Kind treffen, da es buchstäblich zwischen den Stühlen sitzt.

Für das Kita-Kind sollte es möglich sein, sich an beiden Orten – zu Hause und in der Kita – wohlfühlen zu dürfen. Kurz: wenn euer Kind direkt und auch alleine betroffen ist, ist das ein Fall für das Gespräch mit dem Fachpersonal bzw. der Einrichtungsleitung. Sind dagegen bei einem Konflikt oder einer Angelegenheit auch andere Familien betroffen, so sprecht am besten den Elternbeirat an. Dieser kann dann für euch oder mit euch das Gespräch mit der Leitung führen. Diese Themen sind manchmal weniger emotional, aber trotzdem sehr wichtig, weil es meist um Verbesserungen für alle Kinder einer Gruppe oder einer Einrichtung geht.

Beispiele für allgemeinere Kita- und Familien-Angelegenheiten

Beispiel 1: Absprachen und Termine

Werden z.B. Termine, an denen die Kinder früher geholt werden müssen, oder Tage an denen die Kita geschlossen ist, erst recht kurzfristig bekanntgegeben und ihr habt daher Schwierigkeiten mit der Betreuung eurer Kinder, so solltet ihr den Elternbeirat darum bitten, hier mit der Leitung zu sprechen. Denn ihr seid bestimmt nicht die einzigen, die davon betroffen sind. Aber vielleicht seid ihr die einzigen, die sich trauen, etwas dagegen zu unternehmen.

Beispiel 2: Schwierigkeiten mit einer einzelnen Fachkraft

Ihr habt z.B. verstärkt den Eindruck, dass eine der pädagogischen Fachkräfte euch durch ihr Verhalten verunsichert, und ihr hört das auch von anderen Eltern. Ihr stellt fest, dass mehrere Familien sich mit dieser Person nur schwer verständigen können, und dass es nicht nur euch so geht. Das ist ein wichtiger Grund, um sich mit dem Elternbeirat zu beraten und gegebenenfalls gemeinsam auf die Leitung zuzugehen.

Beispiel 3: Kritik am Pädagogischen Konzept oder am Tagesablauf

Ihr seid z.B. zusammen mit anderen Eltern der Ansicht, dass die pädagogischen Fachkräfte zu selten mit den Kindern an die frische Luft gehen. Dann könnt ihr den Elternbeirat bitten, diesbezüglich die Einrichtungsleitung anzusprechen. Schlussendlich gilt bei allen Gesprächen, dass ihr euch darüber im Klaren seid, was euch stört und was ihr erreichen möchtet. Wichtig ist auch nochmals sich selbst zu befragen, ob das Anliegen ein „Elternanliegen" oder ein „Kinderanliegen" ist.

Finden Gespräche zur Klärung und möglichst ohne Schuldzuweisungen statt, so kann oftmals sehr schnell ein gemeinsamer Lösungsweg aufgezeigt und auch gegangen werden. Indem ihr Bereitschaft für Gespräche zeigt, unterstützt ihr die Zusammenarbeit im Rahmen einer guten Erziehungspartnerschaft.

Sollte euch tatsächlich einmal der Mut fehlen, Dinge anzusprechen, so geht zu zweit als Vater und Mutter oder nehmt eure Freundin oder eine andere Mutter mit. Ihr habt dann eine Stütze an eurer Seite – und das ist gut so!

4. KAPITEL – KONFLIKTE, WEIL MEIN KIND AUFFÄLLT

Die Kita-Zeit ist nicht nur für Eltern Neuland, sondern vor allem für die Kinder. Je nach Temperament und Charakter gehen sie leicht auf fremde Kinder zu oder sie sind eher zurückhaltend, sind laut oder leise. Wenn so viele unterschiedliche Kinder aufeinandertreffen, bleiben Konflikte nicht aus. Ja, sie sind sogar notwendig, damit dein Kind soziales Verhalten und die Integration in eine Gruppe Schritt für Schritt lernen kann.

Neben all den vielen großen oder kleinen Reibereien gibt es zwei Problemlagen, die in einer Gruppe auftreten können und die Eltern und pädagogische Fachkräften im Blick behalten müssen: das aggressive Kind auf der einen und das ausgeschlossene Kind auf der anderen Seite. In beiden Fällen kommen die Kinder untereinander damit nicht alleine zurecht. Fachliche Begleitung beim Gespräch über das „Anderssein" ist hier eine wichtige pädagogische Handlung. Mit den Kindern über Unterschiede, Gefühle und Kommunikationsformen zu sprechen, ist die zentrale Aufgabe der Fachkräfte und Eltern gleichermaßen.

Das aggressive Kind

Manchmal kommen wir Eltern schnell in Bedrängnis und haben das Gefühl, unser Kind beschützen und verteidigen zu müssen – vor allem dann, wenn ausgerechnet unser Kind negativ auffällt.

Immer wieder kommt es in Kitas vor, dass sich Kinder untereinander ärgern. Es wird gezankt, gestritten und manchmal auch etwas stärker aggressiv gehandelt. Solche Auseinandersetzungen sind zum einen normal und zum anderen beängstigend. Ja, es erschreckt uns geradezu, wenn unser eigenes Kind aggressiv gegenüber anderen Kindern wird. An dieser Stelle möchte ich allen Beteiligten Mut machen, genauer hinzuschauen. Was passiert vorher? Was passiert in der gesamten Gruppe? Warum verhält sich das Kind so aggressiv? Selten sind Kinder grundlos aggressiv!

Es ist die Aufgabe der Fachkräfte, hinzuschauen, warum Kinder in bestimmten Situationen so reagieren, wie sie reagieren. Da wird getreten, geschubst, gehauen oder gebissen. Zwischen Kindern können sich kleinste Konflikte hochschaukeln, so dass es zu aggressivem Verhalten kommen kann, wenn nicht rechtzeitig eingeschritten wird. Bei Konflikten treffen verschiedene Meinungen und emotionale Empfindungen aufeinander. Kinder benötigen bis weit in die Grundschulzeit hinein die Unterstützung von Erwachsenen, wenn es um Konfliktlösungen geht. Daher seid nicht zu sehr schockiert, wenn sich euer Kind einmal heftiger zur Wehr setzt, als ihr es erwartet hättet.

Auf dem Weg zu einer friedlichen Konfliktlösung müssen Kinder zunächst einmal wissen, was sie selbst bewegt. Warum fühle ich das, was ich fühle? Und wie nennt man das jetzt? Wut? Angst? Trauer? Ärger? Gemeinsam mit den Fachkräften gilt es, über die Empfindungen zu sprechen und die Gefühle zu begleiten. Kinder sollten dahingehend unterstützt werden, dass mit ihnen über die Konflikte gesprochen wird. Das ist meist erst im Nachhinein möglich, da Kinder in der direkten Situation oftmals nicht zugänglich sind. Ihr dürft also als Eltern erwarten, dass in der Kita mit eurem Kind und den betroffenen Kindern gesprochen wird. Gleichzeitig ist es gut, wenn ihr über das Verhalten eures Kindes informiert werdet. Das hilft euch, zusammen mit eurem Kind zu überlegen, wie es die Situation empfunden und was es gefühlt hat. Achtet aber darauf, dass es nicht zu einer Dopplung von Gesprächen kommt. Es nutzt weder eurem Kind noch den anderen Kindern, wenn ihr im Nachgang euer Kind für etwas bestraft, das in der Kita vorgefallen ist. Ihr könnt den Prozess lediglich in den Situationen begleiten, die ihr selbst mit eurem Kind erlebt. Was also tun, wenn ihr auf ein aggressives Verhalten eures Kindes aufmerksam gemacht werdet? Zuerst einmal ruhig bleiben! Und nachfragen! Lasst euch die Zusammenhänge erklären und fragt nach. Seid ihr ehrlich erschrocken, so könnt ihr das zeigen, ohne eurem Kind in den Rücken zu fallen oder es zu verurteilen. Versucht, zu verstehen, und greift dann heraus, was es für euer Kind zu lernen gilt.

Die meisten Kinder wissen, dass sie nicht hauen, beißen und zuschlagen dürfen. Doch es ist nun einmal nicht leicht, das immer einzuhalten, wenn die Gefühle hoch kochen. Wünschenswert wäre, wenn beide Seiten – Fachkräfte und Eltern – miteinander dem betroffenen Kind helfen, seine Aggressivität los zu lassen, indem es verbal begleitet wird und ihm neue und konstruktive Lösungswege aufgezeigt werden. Dafür solltet ihr euch auch einsetzen!

Das ausgeschlossene Kind

Es gibt sie leider immer wieder, die ausgeschlossenen Kinder. Kinder, die sich nicht am allgemeinen Gerenne und lautem Trubel beteiligen. Kinder, die sich eher zurückziehen, weil andere sie nicht mitspielen lassen. Hier ist es meist so, dass Eltern das Kita-Personal dazu auffordern, das eigene Kind doch bitte schön zu integrieren. Doch gemeinsames Spiel ist geprägt von vielen Rollen: den starken, tonangebenden Kindern, den Mitläufern, die immer auch mal eine Nische für sich finden, um selbstbestimmt zu agieren, und den Kindern, die ausgeschlossen werden. Wie kann man nun diese Kinder integrieren? Wollen diese das überhaupt? Meistens ja. Kinder, die ausgeschlossen werden sind meist diejenigen, die weinend ankommen und sich wünschen mitspielen zu können. Hier ist nun auf eine andere Art und Weise die Unterstützung der Erwachsenen mit viel Fingerspitzengefühl gefragt! Auch hier gilt, es in der Gruppe Gespräche zu führen und in den jeweiligen Situationen herauszufinden, warum wer nicht mitspielen darf.

Die Erwartung eurerseits darf daher sein, dass die Fachkräfte eurem Kind mit viel Einfühlungsvermögen den Rücken stärken. Ihm Mut machen, sich zu beteiligen, und andere Kinder davon zu überzeugen, dass euer Kind auch die Chance erhalten sollte, mitmachen zu dürfen. Als einzige Voraussetzung gilt, dass euer Kind auch tatsächlich mitspielen möchte! Wünschenswert ist es für euch und euer Kind auch, dass ihr Informationen darüber erhaltet, mit welchen Kindern ein Zusammenspiel besonders gut funktioniert, wo eine gegenseitige Sympathie da ist.

So habt ihr die Möglichkeit, genau diese Kinder zu nachmittäglichen Treffen einzuladen. Kinder, die sich in der Gruppe nicht trauen, tauen dann gerne in kleineren Spielsequenzen auf und erleben ein schönes Zusammenspiel im Kleinen. Das stärkt wiederum das Selbstvertrauen, so dass sich das Kind langsam, aber sicher auch in anderen Konstellationen und in der größeren Gruppe zu spielen traut.

5. KAPITEL – KINDESWOHLGEFÄHRDUNG UND MISSBRAUCH

Wir haben viel über große und kleine Konflikte gesprochen und wie man sie lösen kann. Es gibt jedoch immer wieder Vorfälle, die über diese Probleme weit hinausgehen und bei denen dringender Handlungsbedarf besteht – zum Wohl eures Kindes und zum Wohl anderer Kinder. Wir Erwachsenen dürfen nicht wegschauen, wenn es um den Schutz der Schwächsten – unserer Kinder – geht. Leider gibt es immer wieder Verdachtsfälle von Missbrauch. Hierunter fallen nicht nur Übergriffe auf den Körper, sondern auch auf die Seele des Kindes. Dann ist es besonders wichtig mit den Fachkräften, der Leitung und dem Träger der Kita zu sprechen – wenn auch äußerst vorsichtig, da ihr niemanden zu Unrecht beschuldigen solltet.

Einige Worte zum rechtlichen Rahmen: Grundsätzlich haben alle pädagogischen Fachkräfte den Schutzauftrag des Kindes zu gewährleisten. Dies ist ein Auftrag, der im SGB VIII §8a festgehalten wird. Leider gibt es Fälle, in denen pädagogische Fachkräfte nicht korrekt agieren und es somit zu einer Verletzung des Schutzauftrages von Seiten einer Fachkraft kommen könnte. Wichtig ist es im Verdachtsfall, zunächst mit der Leitung zu sprechen, sofern sie nicht die Person ist, die ihr im Verdacht habt.

Es ist auch möglich, sich an die nächsthöhere Instanz zu wenden, beispielsweise an die übergeordnete Leitung. Je nach innerer Organisationsstruktur des Kita-Trägers kann das ein/e Abteilungsleiter/in, ein/e Bereichsleitung oder eine Fachberatung sein. Auf diesen Ebenen sollten Gespräche gesucht und durchgeführt werden.

Es kann jedoch auch sein, dass ihr merkt, dass eure Gespräche unkommentiert und unreflektiert verklingen und keine Maßnahmen ergriffen werden, um das betreffende Kind vor der fraglichen Person zu schützen. Eine Maßnahme könnte eine Entlassung der betreffenden Fachkraft sein. Passiert jedoch nichts, müsst ihr das nicht hinnehmen.

Ihr habt grundsätzlich bei einem begründeten Verdacht immer die Möglichkeit, eine Anzeige zu machen. Diese Anzeige könnt ihr zunächst einmal beim zuständigen Jugendamt der Stadt bzw. der Gemeinde machen. Die nächsthöhere Instanz könnten noch die Aufsichtsbehörden von Kitas sein, die die Betriebserlaubnis erteilen.

Da eine Aufzählung aller Behörden zu lang ist, könnt ihr auf folgender Website die für euch zuständige Behörde ausfindig machen:

https://www.bildungsserver.de/Betriebserlaubnis-fuer-Kitas-3362-de.html

In der Regel kann hier auch eine anonyme Anzeige abgegeben werden.

6. KAPITEL – FESTE UND FEIERN – AKTIV IN DER KITA

Was wäre das Kita-Jahr ohne Feste und Feiern?! Hier können sich alle Eltern beteiligen und dabei sein. Feste aller Art bieten eine gute Gelegenheit, um miteinander zu feiern und sich auszutauschen, Einblicke in die Kita zu erhalten und sich vom eigenen Kind vieles zeigen zu lassen.

Die Anzahl der gemeinsamen Feste und Feiern variiert je nach Alter der Kinder und je nachdem, was der jeweiligen Kita wichtig ist. Hier kann es regelmäßige Elterncafés, Bastelnachmittage, Oster- und Weihnachtsfeiern und Sommerfeste geben.

Auch bei der Dauer der Feste gibt es keine allgemeingültige Regel. Was üblich ist, könnt ihr entweder auf der Website recherchieren oder bei der Anmeldung erfragen. Aber spätestens beim ersten Elternabend erhaltet ihr die notwendigen Informationen über die „Feiertradition" eurer Kita.

Um sich an diesen Festen und Feiern zu beteiligen, gibt es meist Aushänge und Listen, in die ihr euch eintragen könnt. Auf den Listen wird gern nach Unterstützung beim Auf- und Abbau und beim Betreuen von Spielstationen gefragt und nach Kuchenspenden oder Beiträgen zum gemeinsamen Büffet gebeten. Je mehr Unterstützung sich die Einrichtung wünscht, desto größer ist für euch die Auswahl für euer persönliches Engagement. Auch berufstätige Eltern finden dann sicherlich „ihre" Aufgabe, die auch noch nach Feierabend zu bewältigen ist.

Je nachdem, ob es euch leichtfällt, abends schnell noch ein paar Muffins zu backen, oder beim Einkaufen noch ein wenig Obst zu besorgen, könnt ihr euch das, was euch liegt, „herauspicken". Aber erkundigt euch vorher im Zweifelsfall: mittlerweile darf in den meisten Einrichtungen aus hygienischen Gründen nur noch ganzes Obst angenommen werden. Dieses wird dann von den Fachkräften am Tag der Feier selbst geschnitten und vorbereitet.

Mein Tipp, wenn ihr wenig Zeit habt: Bietet an, etwas einzukaufen, vielleicht auch etwas Deko – die Fachkräfte freuen sich bestimmt! Kommt ihr zur Feier alleine, werdet aber dann von eurem Partner abgeholt, so könnt ihr das Kita-Team auch gemeinsam beim Aufräumen unterstützen. Sollte einmal nichts auf der Liste stehen, was ihr bewältigen könnt, da ihr gerade sehr stark beruflich eingespannt seid, so ist es auch in Ordnung, wenn ihr eigene, für euch passende, Vorschläge einbringt. Sprecht mit der zuständigen Fachkraft darüber, was ihr leisten könnt und was nicht, denn so merkt sie, dass ihr Interesse an einer aktiven Beteiligung habt.

Bei allem organisatorischen Planen, was wer backt bzw. zubereitet, aufbaut und unterstützt, sollten auch die Kinder bedacht werden. Daher sprecht auch mit eurem Kind darüber, welchen Beitrag ihr als Familie für das Fest leisten wollt. Manchmal kann ja auch mit dem Kind gemeinsam für ein Kita-Fest gebacken oder eingekauft werden. Sollte das aber aus beispielsweise beruflichen Gründen nicht gehen, könnt ihr das eurem Kind gut erklären. Ihr beugt damit möglichen Enttäuschungen vor. Insbesondere wenn ihr an einem Fest nicht teilnehmen könnt, ist es wichtig, das mit dem eigenen Kind genauso zu besprechen, wie in der Kita Bescheid zu geben. Gerade wenn ihr Eltern von mehreren Kindern seid, können auch Termin-Dopplungen stattfinden. Je schneller ihr so etwas bemerkt, umso eher solltet ihr das ansprechen. Eventuell erklärt sich eine Einrichtung bereit, den Termin tatsächlich zu verschieben, oder aber ihr könnt den Teil des Festes wahrnehmen, der für das Kind am bedeutsamsten ist, und dann zum nächsten Fest weiterziehen.

Innerhalb einer Kita-Zeit gibt es viele Feste. Sollten nicht alle wahrnehmbar sein, gilt es auch hier, Prioritäten zu setzen. Ein erstes Laternenfest? Ein erstes Sommerfest? Das Abschiedsfest beim Übergang von der Kita zur Schule? Osterfrühstück, oder Adventskaffee? Egal, wofür ihr euch entscheidet oder ob ihr alles wahrnehmen könnt: Das wichtigste dabei ist es, mit eurem Kind die Kita-Zeit genießen zu können. Und wenn hin und wieder Oma und Opa oder Freunde „aushelfen" können, wenn ihr verhindert seid, ist das nicht nur eine tolle Chance für euer Kind, an Festen und Feiern teilzunehmen, sondern meist auch ein großes Erlebnis für Freunde oder Verwandte.

Es gibt neben den Festen weitere Möglichkeiten, sich als Vater oder Mutter aktiv in der Kita zu beteiligen. In manchen Kitas gibt es immer wieder Aktionstage, an denen Familien das pädagogische Fachpersonal unterstützen können. Eine weitere Möglichkeit ist es, die Fachkräfte bei Ausflügen zu entlasten. Oder es gibt wiederkehrende Garten-Aktionstage, an denen ihr beim Anpflanzen und Reparieren helfen könnt.

Auch Oma-und Opa Tage sind gerne ein Teil der Erziehungspartnerschaft mit den Familien. Diese Aktionen erfreuen sich einer wachsenden Beliebtheit. Fragt ruhig in eurer Kita nach, wie ihr das Team tatkräftig unterstützen könnt. In der Regel freuen sich die Fachkräfte, wenn ihnen Unterstützung angeboten wird.

7. KAPITEL – DAS BESONDERE: ELTERNMIT-ARBEIT IN DER ELTERN-KIND-INITIATIVE

Eine Eltern-Kind-Initiative ist eine Kindertageseinrichtung, die durch Eltern gegründet wurde und die alle Kita-Angelegenheiten selbst verantworten. Die Eltern wählen einen Vorstand, der, wie in anderen Vereinen auch, die Personalauswahl betreut und sich um die finanziellen Rahmenbedingungen kümmert.

Hierdurch erhalten die Eltern einen großen Einblick in die Kita und sie haben, anders als in kommunalen und kirchlichen Einrichtungen, deutlich mehr Mitspracherecht. Diese Form der Kita birgt viele Chancen, aber auch Risiken.

Eltern haben die Chance, Dinge mitzubestimmen. Gleichzeitig verstehen sie die internen Abläufe einer Kita viel besser. Sowohl durch das pädagogische Konzept, als auch durch die Vereinssatzung sind die Felder der Mitbestimmung meist verschriftlicht und damit für jeden nachlesbar. In vielen Eltern-Kind-Initiativen haben Eltern eine feste Anzahl von Elternstunden zu erbringen. Gemeinsame Aktivitäten gehören zum Kita-Alltag für alle Beteiligten mit dazu. Wer also eine große Gemeinschaft mag, sich gern engagiert und auch die nötige Zeit dazu hat, für den sind Eltern-Kind-Initiativen eine gute Wahl.

Zu den Risiken gehört es, pädagogische Ansichten mit den Fachkräften gegebenenfalls ausdiskutieren zu müssen. Eine eigene begründete Meinung ist daher wichtig. In Eltern-Kind-Initiativen kann es sein, dass ihr auch Konflikte unter den Fachkräften viel intensiver mitbekommt. Bei personellen Engpässen werdet ihr vielleicht angefragt, ob ihr unterstützen könnt. Auch bei der Instandhaltung der Einrichtung wird von euch Zeit und Engagement gefordert, um die einen oder anderen handwerklichen Tätigkeiten durchführen zu können. Aktionen wie „Wir streichen zusammen die Kita!" sind hier nicht selten.

Somit bleibt abschließend zur Eltern-Kind-Initiative gut zu überlegen, was ihr anbieten möchtet und von euren zeitlichen Ressourcen her leisten könnt. Klärt dazu am besten bereits bei der Anmeldung, was von euch als Eltern erwartet wird.

Wir empfehlen weitere HANDBÜCHER von ElternLeben.de zu diesen Themen:

MEIN KIND KOMMT IN DIE KITA
Für einen guten Kita-Start

Euer Kind soll in einer Krippe oder in einem Kindergarten betreut werden? Mit dieser Entscheidung beginnt ein neuer Familienabschnitt. Mütter und Väter haben viele Fragen zu diesem neuen Lebensabschnitt: Wie finde ich die passende Kita? Wie funktioniert die Eingewöhnung? Für welches pädagogische Konzept soll ich mich entscheiden? Was braucht mein Kind in der Kita? Der Eintritt in die Kita-Zeit soll Eltern und Kindern gut gelingen.

**Erhältlich bei www.tredition.de / www.elternleben.de oder im Handel
ISBN 978-3-7497-3535-8 / Seiten: 72**

SPIELEN, LERNEN, WACHSEN
Dein Alltag mit Kleinkind

Durch das rasante Wachstum unserer Kleinkinder wird der Alltag in der Familie immer wieder verändert. Das ist für viele Eltern eine Herausforderung: Wie gelingt es, das Chaos im Kinderzimmer zu bändigen? Warum beginnt jeder Morgen so stressig? Und die zentrale Frage: Was kann ich konkret tun, um mein Kind gut zu begleiten und dabei selbst nicht auf der Strecke zu bleiben?

Erhältlich bei www.tredtion.de / www.elternleben.de oder im Handel ISBN 978-3-7497-7494-4 / Seiten: 104

LIEBEVOLL GRENZEN SETZEN
Für Eltern von Kindern zwischen 1 und 5 Jahren

Brauchen Kinder Grenzen? Im Alltag sind Eltern oft hin- und hergerissen zwischen den Meinungen der Erziehungsratgeber, die unterschiedliche Ansätze vertreten. Zwischen diesen beiden Extremen „Lass dein Kind doch machen, lass es sich frei entfalten" und „Kinder brauchen klare Strukturen und Strafe muss sein" gilt es, als Eltern einen gangbaren, gesunden Weg zu finden. Dieses Handbuch bietet Orientierung und gibt Eltern praktische Tipps.

Erhältlich bei www.tredition.de / www.elternleben.de oder im Handel / ISBN 978-3-347-01500-5 / Seiten: 52

Liebe und Rivalität unter Geschwistern
Was Eltern tun können, um die Geschwisterbeziehung zu stärken

Geschwister leben mit gemeinsamen familiären Werten, Erfahrungen und Traditionen. Die Geschwisterbeziehung ist die längste zwischenmenschliche Bindung im Lebenslauf eines Menschen. Was tun, wenn Geschwister ständig streiten? Was ist der Unterschied zwischen natürlicher und unnatürlicher Rivalität? Lieblingskind oder schwarzes Schaf?

Erhältlich bei www.tredition.de / www.elternleben.de oder im Handel / ISBN 978-3-347-02385-7 /Seiten: 88

DEMNÄCHST NEU IM PROGRAMM VON ELTERNLEBEN.DE HANDBUCH ZUM THEMA:

- ## GLÜCKLICHE BEZIEHUNG

   Wie Eltern ihre Partnerschaft pflegen und verbessern können

Zeitfracht Medien GmbH
Ferdinand-Jühlke-Straße 7
99095 Erfurt, Deutschland
produktsicherheit@kolibri360.de